Kelebek ile Mum

MASALLAR

Leonardo da Vinci Leonardo da Vinci (1452-1519) Dünya tarihinin büyük dehalarından biri olan İtalyan düşünür, mucit ve kâşif. Mimari, mühendislik, matematik, jeoloji, kartografya, heykel, resim, anatomi, müzik, botanik, edebiyat... Sanatın ve bilimin pek çok alanıyla birden ilgilenen çok yönlü Rönesans adamı.

Kemal Atakay 1962'de Ankara'da doğdu. İÜ Edebiyat Fakültesi İngiliz Dili ve Edebiyatı bölümünü bitirdi. Illinois Üniversitesi (Urbana-Champaign) Karşılaştırmalı Edebiyat bölümünde Ortaçağ-Rönesans İngiliz ve İtalyan edebiyatları üzerine lisansüstü öğrenim gördü. Başta *Adam Sanat* ve *Kitap-lık* olmak üzere çeşitli dergilerde çevirileri, inceleme ve eleştiri yazıları yayımlandı. Yeditepe Üniversitesi İngiliz Dili ve Edebiyatı bölümünde karşılaştırmalı edebiyat dersleri verdi. İngilizce ve İtalyancadan çok sayıda çevirisi çıktı.

Emine Bora (İstanbul, 1970) Mimar Sinan Üniversitesi Güzel Sanatlar Fakültesi Resim Bölümü mezunu. 1993-2004 yılları arasında üç kişisel resim sergisi açtı; 2012'de "Yalçın Emiroğlu'ndan Günümüze 'Doğan Kardeş'le Büyümek" adlı karma sergide yer aldı. 1994 yılından beri çeşitli yayınevleri için çocuk kitapları illüstrasyonları yapıyor. *Bando, Doğan Kardeş, Milliyet Çocuk* gibi dergilerde çizimleri yayımlandı. Hem yazıp hem resimlediği *Dostum Badi* ve *Ali'nin Sıkıntısı* adlı iki çocuk kitabı var. 1999 yılından bu yana Metis Yayınları'nda editör ve kapak tasarımcısı olarak çalışıyor.

Yayın Notu: Bu metin Leonardo da Vinci'nin *YAZILAR - Masallar, Kehanetler, Nükteler ve diğerleri* (YKY, 2014, 2. baskı) adlı kitabından alınmıştır.

Leonardo da Vinci

Kelebek ile Mum Işığı
MASALLAR

Çeviren
Kemal Atakay

Resimleyen
Emine Bora

YAPI KREDİ YAYINLARI

Yapı Kredi Yayınları - 4446
Doğan Kardeş - 663

Kelebek ile Mum Işığı - Masallar / Leonardo da Vinci
Çeviren: Kemal Atakay
Resimleyen: Emine Bora

Kitap editörü: Filiz Özdem
Düzelti: Filiz Özkan

Grafik uygulama: İlknur Efe

Baskı: printcenter
Sultan Selim Mah. Libadiye Sok. No: 3 4. Levent 34415 İstanbul
Telefon: (0 212) 371 03 00 • Faks: (0 212) 280 96 04
Sertifika No: 13779

1. baskı: İstanbul, Haziran 2015
3. baskı: İstanbul, Mart 2019
ISBN 978-975-08-3330-4

Yapı Kredi Kültür Sanat Yayıncılık Ticaret ve Sanayi A.Ş.
İstiklal Caddesi No: 161 Beyoğlu 34433 İstanbul
Telefon: (0212) 252 47 00 Faks: (0212) 293 07 23
http://www.ykykultur.com.tr
e-posta: ykykultur@ykykultur.com.tr
İnternet satış adresi: http://alisveris.yapikredi.com.tr

Yapı Kredi Kültür Sanat Yayıncılık
PEN International Publishers Circle üyesidir.

İÇİNDEKİLER

Kurtbağrı ile Karatavuk

Kurtbağrı, taze meyve yüklü ince dallarını münasebetsiz karatavuklar keskin tırnakları ve gagalarıyla didikledikleri için, karatavuklardan birine yana yakıla yalvarıyormuş: "Madem nefis meyvelerimi koparıp alıyorsun, bari beni güneşin kavurucu ışınlarından koruyan yapraklarımı elimden alma ve keskin tırnaklarınla yumuşak kabuğumu deşip çıkarma!" Karatavuk buna, kaba paylamalarla karşılık vermiş: "Sus bakalım, yaban çalısı! Doğanın sana bu meyveleri benim beslenmem için verdiğini bilmiyor musun? Dünyada bana bu besini sağlamak için var olduğunu görmüyor musun? Bilmiyor musun, seni cahil, önümüzdeki kış

ateşe besin ve yiyecek olacağını?" Ağaç, bu sözleri sabırla, gözleri dolarak dinlemiş. Kısa bir süre sonra, karatavuk ağa yakalanmış; onu hapsedecekleri bir kafes yapmak için bazı dalları kesmişler; öteki dalların arasında, kafesin çubuklarını yapmak kurtbağrına nasip olmuş; ağaç, karatavuğun özgürlüğünü yitirmesinin nedeni olduğunu görüp sevinerek, şu sözleri söylemiş: "Ey karatavuk, ben buradayım, senin dediğin gibi ateş henüz beni yok etmiş değil; sen benim yandığımı görmeden, ben senin tutsak alındığını göreceğim."

Defne, Mersin ve
Armut Ağacı

Defne ile mersin, armut ağacının kesil-
diğini görünce, yüksek sesle bağırmışlar:
"Ey armut ağacı, nereye gidiyorsun? Hani
nerede olgun meyvelerin olduğundaki
kibrin? Artık sık yapraklarınla gölge et-
meyeceksin bize." Bunun üzerine, armut
ağacı şu karşılığı vermiş: "Ben beni ke-
sen çiftçiyle gidiyorum, o beni usta bir
heykelcinin işliğine götürecek; heykelci,
sanatıyla, beni Tanrı İupiter'in biçimine
büründürecek, tapınağa adanacağım ve
insanlar İupiter yerine bana tapacaklar.
Oysa sen, sık sık dallarının kırılıp kopa-
rılması tehlikesiyle karşı karşıyasın: İn-
sanlar, beni onurlandırmak için çevreme
koyacaklar o dalları."

Kestane Ağacı ile İncir Ağacı

Kestane ağacı, incir ağacının üstünde birisini görünce –adam, ağacın dallarını kendine doğru büküyor, dallardaki olgun meyveleri koparıyor, bunları açık ağzına atıyor ve sert dişleriyle ezip yok ediyormuş–, uzun dallarını silkeleyip gürültülü bir hışırtıyla şöyle demiş: "Ey incir ağacı, benden ne kadar daha az korumuş seni doğa! Bak, bende tatlı yavrularımı nasıl korunaklı yaratmış: Önce üstlerini ince bir zarla kaplamış, onun üstüne dışı sert, içi yumuşak kabuğu yerleştirmiş ve bana yaptığı bunca iyilikle –yavrularıma hazırladığı sağlam barınakla– yetinmeyerek, insan eli bana zarar veremesin diye

Yapraklar

Kestene
meyvesi.

Kestene meyvenin
kecirti

bu kabuğun üstüne sık ve sivri dikenler koymuş." Bunun üzerine, incir ağacı yavrularıyla birlikte gülmeye başlamış ve kahkahaları sona erince, şöyle demiş: "İnsanoğlu öyle beceriklidir ki, dallarının arasına attığı sırıklar, taşlar ve sopalarla seni meyvelerinden etmesini bilir; yere düştüklerinde onları ayaklarıyla ya da taşlarla ezer, böylece yavruların korunaklı yuvalarından dışarı çıkarlar, parçalanmış ve sakatlanmış olarak. Oysa, bana elleriyle özenle dokunuyor, senin gibi taşlarla ve sopalarla değil."

Kelebek ile Mum Alevi

Havada rahatça uçabilmekle yetinmeyen kendini beğenmiş gezgin kelebek, mumun çekici alevine dayanamayarak, ona doğru uçmaya karar vermiş; ama ince kanatları mumun içinde yanınca, neşeyle giriştiği hareket, çektiği acının nedeni olmuş. Ve her yanı kavrulmuş bir halde şamdanın dibine düşen zavallı kelebek, epey ağlayıp dert yandıktan sonra, ıslak gözlerindeki yaşları silerek başını yukarı kaldırıp şöyle demiş: "Ah, sahte ışık, geçmişte benim gibi nicelerini aldatıp, acınacak hallere düşürmüş olmalısın! Ah, madem ışığı görmek istiyordum, güneşi pis içyağının sahte ışığından ayırt edebilmem gerekmez miydi?"

Fare ile Gelincik

Gelincik, küçük yuvasındaki fareyi kıstırmış, sürekli gözetimi altında tutarak teslim olmasını bekliyor ve küçük bir delikten farenin içinde bulunduğu büyük tehlikeyi gözlüyormuş. Bu arada, kedi gelip birden gelinciği yakalamış ve oracıkta yutuvermiş. Bunun üzerine fare, birkaç fındığını İupiter'e adak olarak sunmuş, onun ilahi gücüne elinden geldiğince şükretmiş ve daha önce yitirdiği özgürlüğe kavuşmak için deliğinden dışarı çıkmış; ama kedinin pençeleri ve dişleri, hemen o özgürlüğü yaşamıyla birlikte elinden alıvermiş.

Örümcek ile Üzüm Salkımı

Örümcek, tatlılığından ötürü arıların ve çeşitli sineklerin sık sık uğradıkları bir üzüm salkımı bulunca, tuzağı için çok uygun bir yer bulduğunu düşünmüş. İnce ağıyla salkıma yerleşip yeni yuvasına girdikten sonra, orada her gün, üzüm tanelerinin arasındaki boşlukların oluşturduğu açıklıklarda durup, bir hırsız gibi, onu fark etmeyen çaresiz hayvanlara saldırıyormuş. Ama birkaç gün geçtikten sonra, bağbozucu bu üzümü kesip ötekilerin yanına koyunca, üzümlerle birlikte örümcek de ezilmiş. Ve böylece üzüm, aldatan örümceğin de, aldatılan sineklerin de kapanı ve tuzağı olmuş.

Alçakgönüllü Kar

Kendisini çok yüksek bir dağın en tepesinde duran bir taşın üstüne tutunmuş bulan küçük kar parçası, hayallere dalıp düşünmeye ve kendi kendine şöyle demeye başlamış:

"Şimdi, küçücük bir kar parçası olarak, böylesine yüksek bir yere yerleştiğimi ve buradan görebildiğim onca karın benden daha aşağıda olmasına aldırmadığımı düşünmeyecekler mi? Minik cüssemin bu yüksekliği hak etmediği kesin; çünkü küçük olsam da, güneşin dün yoldaşlarıma yaptığını kendi gözlerimle gördüm: Güneş birkaç saat içinde yok etti onları ve bu, gereğinden daha yüksek bir yere yerleştikleri için oldu. Ben gü-

neşin öfkesinden kaçmak, alçakgönüllü davranmak ve küçük cüsseme uygun bir yer bulmak istiyorum." Ve kendisini aşağı atarak, yükseklerden öteki karların üstünden yuvarlanarak aşağı inmeye başlamış; ama ne kadar alçak bir yer aradıysa, büyüklüğü o kadar artmış, öyle ki inişi bir tepenin üstünde son bulduğunda, neredeyse onu üstünde tutan tepeden daha küçük olmadığını görmüş; üstelik, o yaz güneşin yok ettiği son kar o olmuş.

Alçakgönüllülük ederek yücelenler için anlatılır bu masal.

İncir Ağacı ile Karaağaç

İncir ağacı, karaağacın yanında duruyor ve onun dallarında meyve olmadığını, gene de ham incirlerinin güneşini engellediğini görüyormuş; bunun üzerine ona çıkışarak şöyle demiş: "Hey, karaağaç, önümde durmaya utanmıyor musun? Ama bekle, hele bir meyvelerim olgunlaşsın, görürsün hanyayı konyayı." Ama incir ağacının meyveleri olgunlaştığında, bir askerî birliğin yolu oraya düşmüş; askerler, incirleri almak için ağacın dallarını koparmış, parçalamış, kırmışlar. İncir ağacı böyle dalları kırık dururken, karaağaç sormuş ona: "Ey incir ağacı, meyvesiz olmak mı daha iyiydi, yoksa onlar yüzünden böyle zavallı bir hale düşmek mi?"

Canı Sıkılan Taş

Suların yakınlarda açığa çıkardığı büyükçe bir taş, taşlı bir yolun kenarındaki nefis bir korunun tam sona erdiği yerde, biraz yüksek bir noktada, çimlerin, çeşit çeşit, renk renk çiçeklerin arasında duruyor ve aşağısındaki yola yerleştirilmiş pek çok taşı görüyormuş. Bulunduğu yerden kendini bırakıp aşağı düşmek gelmiş içinden, kendi kendine şöyle diyormuş: "Ne işim var burada bu otlarla? Ben şu kız kardeşlerimle birlikte yaşamak istiyorum." Ve kendini bırakıp birlikte olmayı arzuladığı arkadaşlarının yanına düşerek, hevesli yolculuğunu tamamlamış; orada bulunmasının üzerinden kısa bir süre geçtikten sonra, arabaların teker-

lekleri, nal vurulmuş atların ve yoldan geçenlerin ayakları onu sürekli rahatsız etmeye başlamış. Kimi zaman birisi tarafından eziliyor, kimi zaman üstü çamurla ya da bir hayvanın pisliğiyle kaplı dikiliyor, o yalnızlığın ve huzurun hüküm sürdüğü yerdeki, daha önce ayrıldığı mekânına bakıyormuş boşuna.

Yalnız ve huzurlu yaşamlarını bırakıp şehirlere gelmek, binbir dertle boğuşan insanların arasında yaşamak isteyen kişilerin başına bu gelir.

Kelebek ile Mum Işığı

Daldan dala konan renkli kelebek, kararan havada dolaşırken bir ışık görüp hemen ona doğru yönelmiş ve çevresinde daireler çizdiği ışığın olağanüstü güzelliği karşısında şaşırıp kalmış; yalnızca görmekle yetinmeyip, güzel kokulu çiçeklere yaptığını yapmak için karşısında durmuş ve uçuşunu ayarlayıp büyük bir hevesle ışığın içinden geçmiş. Işık, kelebeğin kanat uçlarını, bacaklarını ve öteki kısımlarını yakıp eritmiş. Işığın dibine düşen kelebek, böyle güzel şeyden herhangi bir kötülük ya da zarar gelebileceğini aklı almadığı için, hayretle olayın nereden kaynaklanmış olabileceğini düşünüyormuş. Kalan gücünü iyice top-

ladıktan sonra, yeni bir uçuş denemiş ve ışığın içinden geçer geçmez, her yanı kavrulu, o ışığı besleyen yağın içine düşüvermiş ve ancak yıkımının nedenini düşünebilecek kadar aklı kaldığından, şöyle demiş ona: "Ey lanet olası ışık, ben sende mutluluğumu bulduğumu sanıyordum; boşuna ağlıyorum çılgın arzuma, yakıcı ve zararlı doğanı kendi yıkımımla öğrendim." Buna ışık şu karşılığı vermiş: "Beni doğru dürüst kullanmasını bilmeyene böyle yaparım ben."

Karşılarında çekici ve dünyasal zevkleri görüp, tıpkı kelebek gibi, niteliklerini düşünmeden onlara koşan kişiler için anlatılır bu masal; onlar, uzun bir deneyimden sonra, utanç ve yitimle öğrenirler bu zevklerin içyüzünü.

Taş ile Ateş Çubuğu

Taş, ateş çubuğu kendisine vurunca, çok şaşırmış ve sert bir sesle ona şöyle demiş: "Ne hakla bana eziyet ediyorsun? Beni rahat bırak; belli ki beni başkasıyla karıştırıyorsun, ben asla kimseyi incitmedim." Buna ateş çubuğu şu karşılığı vermiş: "Sabırlı olursan, kendinden olağanüstü bir sonucun doğduğunu göreceksin." Bu sözler üzerine taş sakinleşmiş, sabırla vuruşlara katlanmış ve olağanüstü ateşin –gücüyle sonsuz işler gören ateşin– kendisinden doğduğunu görmüş.

Çalışmalarının başlarında korkan, ama bu çalışmaları sabırla sürdürüp onlara hükmedebilecek hale geldikten sonra, onlardan olağanüstü sonuçlar doğduğunu gören kişiler için anlatılır bu masal.

Suyun Pişmanlığı

Su, görkemli denizde temel öğesine kavuşunca, havanın üstüne çıkma arzusuna kapılmış ve temel öğe ateşin desteğiyle ince buhar halinde yukarı yükselip, adeta havanın inceliğine bürünmüş; ama iyice yukarı çıkıp daha ince ve soğuk havaya ulaştığında, ateş onu terk etmiş. Ve küçük taneler yan yana sıkışıp birleşince ve ağırlaşıp düşmeye başlayınca, suyun kibri yok olmuş ve gökten yere düşmüş; yerde kuru toprak onu emmiş, toprağın içinde uzun süre hapis kalan su, işlediği kusurdan ötürü pişman olmuş.